U0133594

般 若 禪 詩

鐘 友 聯 著

文 學 叢 刊

文史哲出版社印行

國家圖書館出版品預行編目資料

般若禪詩 / 鐘友聯著. -- 初版 -- 臺北市：
文史哲, 民 103.08
　　頁; 公分 (文學叢刊；331)
　　ISBN 978-986-314-205-8（平裝）

851.486　　　　　　　　　　　103015832

文 學 叢 刊 ₃₃₁

般 若 禪 詩

著　　　者：鐘　　　友　　　聯
出 版 者：文 史 哲 出 版 社
　　　　　http://www.lapen.com.tw
　　　　　e-mail：lapen@ms74.hinet.net
登記證字號：行政院新聞局版臺業字五三三七號
發 行 人：彭　　　正　　　雄
發 行 所：文 史 哲 出 版 社
印 刷 者：文 史 哲 出 版 社
臺北市羅斯福路一段七十二巷四號
郵政劃撥帳號：一六一八〇一七五
電話886-2-23511028・傳真886-2-23965656

定價新臺幣四〇〇元

中華民國一〇三年（2014）八月初版

自 序

　　文藝創作的領域相當廣泛，每一個創作者，都是運用他熟悉的工具，去表達他內在的理念、思想。言為心聲，文學創作就是以文字為表達的工具，至於創作的形式，更是多元。不管用散文、小說、詩歌、都可以，不論傳統、現代、只要能駕輕就熟，順暢而又方便地表達出自己想表達的理念，那就很棒了。

　　文學表現的形式，並不是古今不變的，否則怎會有傳統與現代之分呢？文學表現的形式，它是永不止息地演變下去，觀察歷代的文學演變，即可得到證實。每個時代，都發展出當代特殊的文學體裁，而且大都是以當代的體裁，創作出輝煌的，時代性的，能流傳後世的文學作品。

　　文學反映時代，每個時代都會發展出當代的表現形式。漢賦，唐詩，宋詞，元曲，到了民國，五四運動以後，發展出與傳統截然不同的白話詩，新詩，或者叫現代詩。這是新世代的文學表現新形式，經過幾度論戰，討論，終於建立了文學史上的地位。

　　現在是個瞬息萬變的時代，變化速度之快，是古代無法想像的。現代詩已經活躍了近一個世紀，新的文學表現形式，開始蠢蠢欲動。

　　我是個文字工作者，也是不斷地在尋找最佳的表現方式，而且是能被廣大讀者喜愛、接受的創作形式。如果文學作品，不被接受，讀者不喜歡，或者是曲高和寡，作品又如何能流傳後世呢？而且限制越少，規則越簡化，創作越自由，越能打動人心。

　　我是本著這樣的理念在創作，不被古人牽著鼻子走。我用舊瓶裝新酒，打破格律的限制，有如七字仔、山歌、褒歌，那樣的親近民間，接近人性。有些人喜歡用罕用的字、古字、怪字，表示自己的高超博學，而我是反其道而行，我要用最平常的，人人都懂的字句，來寫作。我基本的理念，是我寫出來的作品，最好是人人皆懂，否則那又何必寫，何必發表呢？

　　當然，也有學究之士，不以為然，認為非遵古法不可。我認為創作是自由的，彼此相互遵重，各盡其力，不必把時間浪費在批判和辯駁之上。

　　我已經感覺到，我的理念已經得到大眾的回響，贏得廣大讀者的支持。尤其是書法家們，喜歡寫我的禪詩，內容有意義，又能啟發人心，易讀易解，一看就懂，所以寫出來的作品，很快就被行家收藏。值得一提的是，這些書法家，與我素昧平生，從未謀面，純粹是文字之交，特別令人感動。也是我要再三表達感謝之意的。

鐘友聯　謹識
2014 年 7 月於燕子湖畔不二草堂

禪餘歪詩

　　最近幾年，我寫作的方向，突然有了很大的轉變；突然寫起了五言七言，這類形式非常工整的打油詩，而且產量非常驚人，幾年下來，已經累積了數千首之多。

　　這種寫作方式，是過去，從開始懂得寫作以來，從未有過的，真是意想不到，至於當時何以會走上這條路，也不是很清楚，絕對不是有意的，追求得來的，完全是在很自然的狀態下，脫口而出，隨手拈來，似如湧泉，一天數首。這有點像禪宗的頓悟一樣，突然茅塞頓開。只要靜下來，詩句就會自然湧現。

　　現在，我是特別喜歡這種創作的方式，主要是年紀大了，視力漸退，不適宜長時間伏案寫作，或做電腦文書處理，長編大論的文章不寫了，五言七言這種小而巧的打油詩，太適合我了，不論我在公車捷運上，或是在遊山玩水，都可以創作，口袋備妥紙筆，簡單幾個字，隨手記下來；尤其是睡前，靈感最好，床頭備妥紙筆，隨時做紀錄，雖然是很普通，很簡單的句子，如果沒有記錄下來，事後往往怎麼想都想不出來。

　　我太喜歡目前這種寫作方式，而且我創造出來的風格，也贏得知音的青睞，每天創作不絕，已經到了

> 天天有詩
>
> 無詩不樂

的境地。只要創作幾首詩，就會讓我覺得日子很充實，沒有白活。如果一整天下來，沒有得到半首詩，我會覺得很悶，很無趣。

現在我是太愛這種輕鬆，簡便的寫作方式，用最少的字句來表現心中的理念，而且讓現代人容易接受，不耐久讀是現代人的通性，我寫的打油詩，太適合大家了。

我的詩

脫口而出老少宜　　朗朗上口近常理

生難字詞全都棄　　咬文嚼字本不須

不忌俚俗不稱鄙　　雅俗共賞才有趣

平仄不論非近體　　順來一韻押到底

現代人一提到古書，古文，古詩，就不想讀了，傷腦筋，又讀不懂。我寫的打油詩，五言七言，很工整，又押韻，但是我告訴大家，我寫的不是古詩，而是新詩，我不是古人，我是現代人，寫的當然是新詩，我用的是現代的語言，現代的精神，新的思維，新的語法，當然是新詩。而且我認為寫作是在傳達理念，如果寫出來的作品，人家看不懂，那又何必寫呢？所以，我一向都喜歡用最淺白的文字來創作，就是要讓人輕鬆地接受。

我創作出來的每一首打油詩，都會在網路上發表，與喜愛詩文的朋友分享。我創造出來的風格，頗有吸引力，得到大家的喜愛。後來在網路上發現，熱愛書法的人士，用書法寫我的詩，有的有註明是我寫的詩，有的沒註明，

有的會在網路發表，不發表的，可能更多。可見很多人喜
歡我的詩。後來也有人來信，他們練習書法，想要寫我的
詩，問我可不可以，我說歡迎之至。

　　他們告訴我，書法總是喜歡寫些唐詩宋詞，或是格言
嘉句，寫來寫去，經常雷同，所以他們喜歡拿我的詩去寫。
因此觸動了我的靈感，從我創作的數千首打油詩中，挑選
有啟發性，有益世道人心的詩，加以分類，規劃，編輯，
分別請不同的書法家來書寫，才不致於重複，同時可以欣
賞到不同風格的書法。

　　我的想法，得到無數書法家的支持，本書因而順利誕
生了。我特別要跟諸位報告，本書納進來的書法家，均從
未謀面，熱愛藝文的雅士，就是這麼可愛，令人敬佩。詩
書共賞，是本書設定的目標，如果有更多的書法家，願意
參與，那就繼續出版下去。

　　我常把我寫的詩稱為「歪詩」，這不是自謙之詞；也
不是因為我創立了「歪門道」，受封為歪幫幫主，而是因
為我的詩是不按牌理出牌，我追求的是朗朗上口，如果平
仄格律會影響口語的流暢，必捨棄。

　　　不按牌理出奇牌
　　　詩格詞律旁邊擺
　　　信筆塗鴉揮灑來
　　　道出真意眾喝采

　　文學是與時俱進，每個時代，都會發展出合乎時代精
神，及時代需求的文學形式。請讀者不必費心在詩中找平
仄，那是白費力氣，只要大聲開口去朗讀就可以了。

般　若　禪　詩

目　　次

第一章　不知老

書法　吳明賢大師

三法印

生天成佛何為梯
知足感恩福德惜
疑蓋無明三毒去
唯三法印常相依

貪圖

閉門幽居非為苦
紅塵追逐似尋毒
芸芸眾生多貪圖
萬古浩翰何時悟

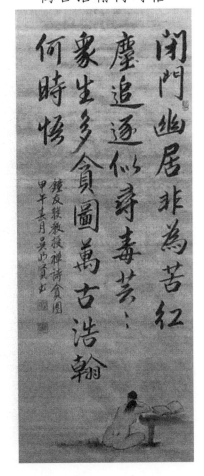

盲從

徬徨無依迷眾生
迷戀神通四處攻
智慧未開多盲從
不知全在自性中

眞諦

介子如何納須彌
心量無邊太虛齊
怨親平等見真諦
人我無別終是一

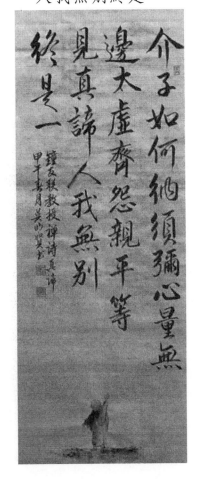

一葉知秋

我 無 神 通 莫 懷 疑
見 微 知 著 識 天 機
一 葉 知 秋 懂 異 趣
念 念 分 明 遊 太 虛

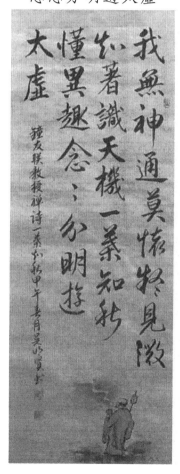

無爭

喜怒哀樂人之情
悲歡離合世間景
吃喝玩樂不忘形
與人無爭近修行

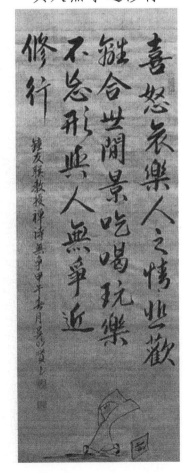

禪機

一瓢一飲思不易
自炊自煮自調理
窮理研幾知禪機
海天萍蹤我浪跡

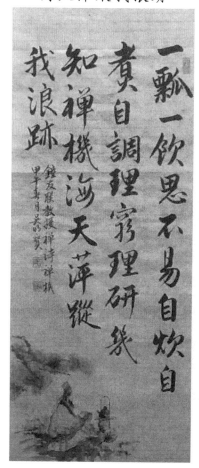

盡力學

掃盡自家門前雪
塵勞應酬我謝絕
古聖先賢盡力學
心量無邊當下覺

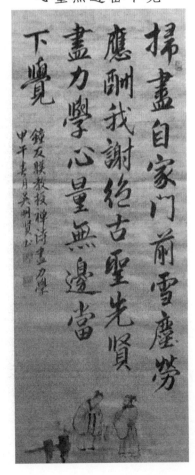

直心

忙中歲月不知老
糊塗一生有哭笑
直心坦蕩近於道
得失寵辱盡可拋

際遇

紅塵足跡確有我
何故藏身四處躲
往事回味歲月奪
人生際遇各有所

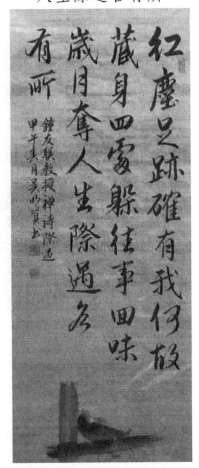

第二章　方寸寬

書法　陳秋宗大師

石不語

石雖不語卻可人
欲語還休靜中尋
靜臥千年待有緣
偶得一會識初心

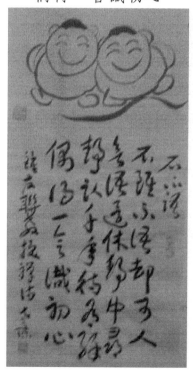

世事本如此

滄海桑田難追回
風霜別有一番美
世事當下本如此
酸甜苦辣全滋味

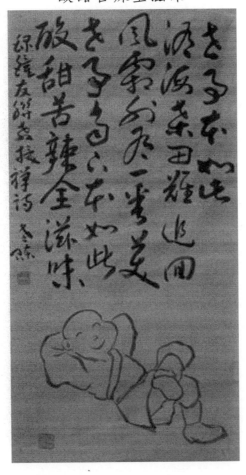

有定數

春到山疊翠
秋來葉落飛
興衰有定數
天命恐難違

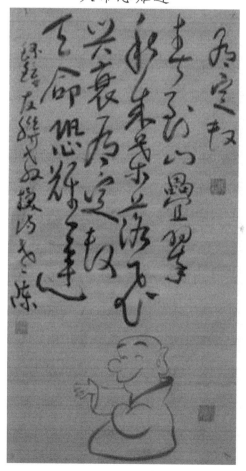

笑談詩書

仰首天外雲歸鄉
環顧人間茶飄香
溫飽知足身體強
笑談詩書傲群芳

夢中築

晨起看花木
日子不糊塗
紅塵了無痕
不再夢中築

解語花

花若解語還多事
顏開笑媚婀娜姿
園中自在本無思
招誰惹誰眾家痴

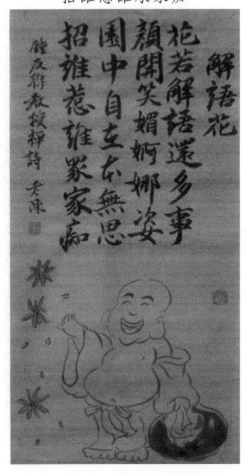

茲禪

茲禪活當下
分秒緊御駕
牟尼寶珠現
心地燦如霞

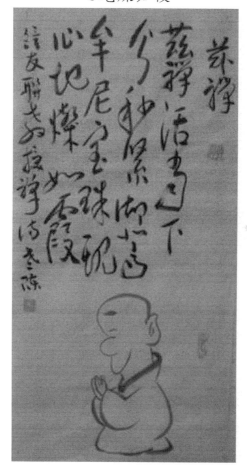

就是這個味

浪起浪落大風吹
風生水起難到位
不問此心要問誰
當下就是這個味

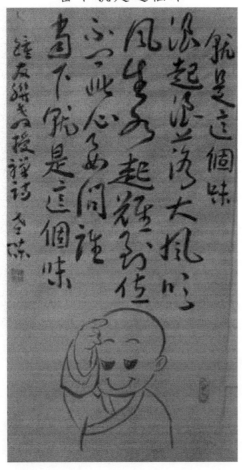

何苦

蒼茫天地開
不請我自來
本來心自在
何苦惹塵埃

方寸寬

逆來把念轉
萬般皆不煩
一笑方寸寬
何處不得閒

第三章 自在

書法 陳世傑大師

天地悠悠

孤身趴趴走
望天地悠悠
山高水自流
石上來壺酒

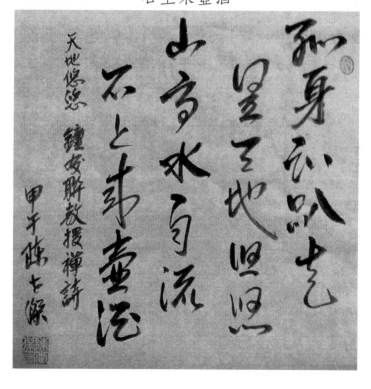

高齡旅人

高齡旅人眾羨慕
遊山玩水真幸福
體壯腳健不需扶
要活須動無他圖

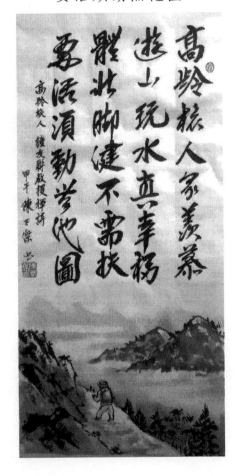

放寬心

遊山玩水放寬心
常遇白雲松風親
數盡煙塵天地新
大口呼吸入鬱林

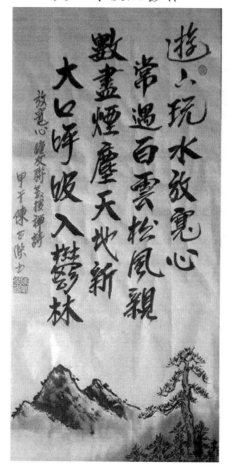

旅人

行腳入山林
萬里遊蹤近
山水常相親
旅人旺精神

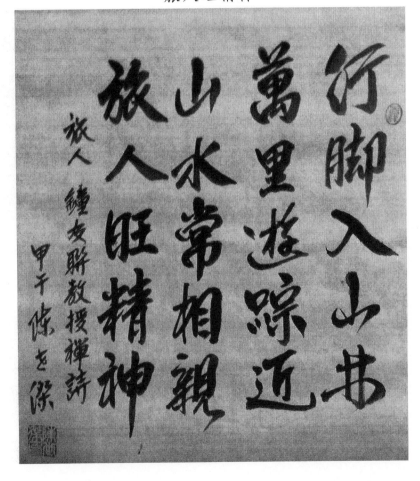

不服老

笑 我 不 服 老
攀 越 難 不 倒
愛 跟 美 眉 挑
自 認 本 事 高

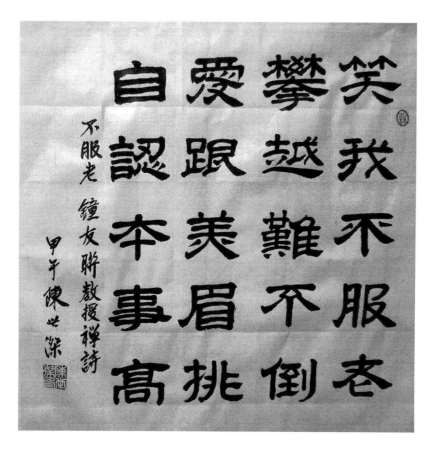

遊山玩水

不為斗米折腰軀
衣食無缺天賜與
乖順子女已成器
遊山玩水多愜意

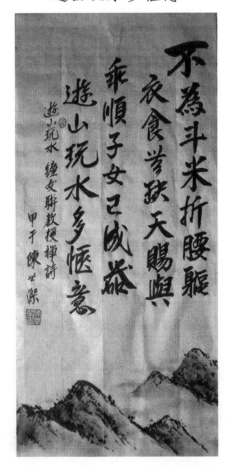

猶未老

挑戰難度高
信心未退燒
攀爬岩壁峭
證明猶未老

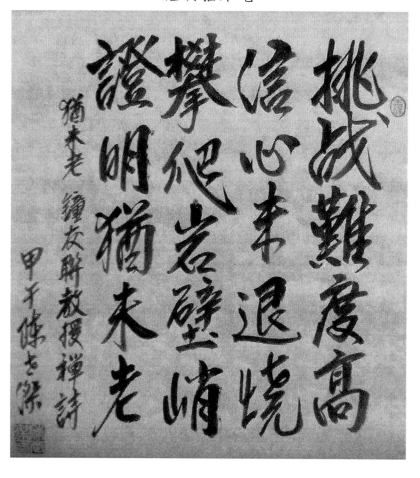

見天青

士農工商百不能
雲遊山林寄餘生
歡喜登高見天青
悠悠我心現明星

自在

早好著飽跑找饒求豪
一聲正得得能己求自我
真睡吃又自免

鞠躬一聲早
有您真正好
天天睡得著
三餐吃得飽
能走又能跑
樂趣自己找
心安免求饒
自在我自豪

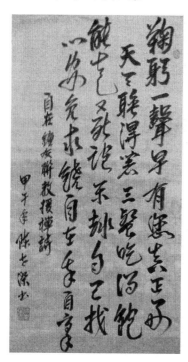

好福氣

背起背包登山去
遊山玩水好福氣
走過人生路崎嶇
苦盡甘來別妒忌

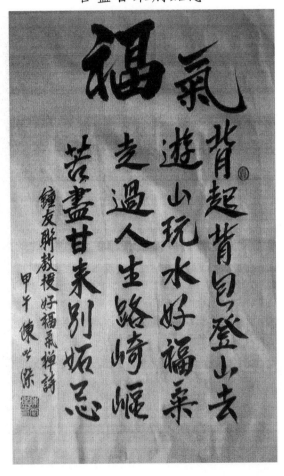

第四章　養生之道

書法　伊藤牙城大師

養生

筋骨出力動益身
不語少想靜養心
芬多精處近林森
陽光汗水健康近

知足常樂

養生之道必先提
知足常樂擺第一
心寬包容無逆氣
簡單生活有規律

曬太陽

新鮮空氣有營養
活動筋骨曬太陽
手腦並用身體強
身心調和喜洋洋

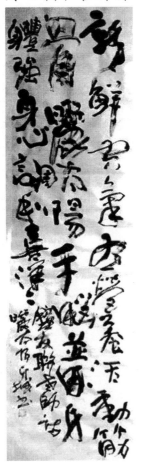

拉拉筋

伸伸懶腰拉拉筋
前彎後仰呼吸深
林邊漫步空氣新
多多運動去病因

有尊嚴

到老方悟健康先
老當益壯有尊嚴
活用腦筋免痴呆
自求多福不能閒

養心

養生之道重養心
終身學習觀念新
知足寬厚常感恩
心無掛礙長壽因

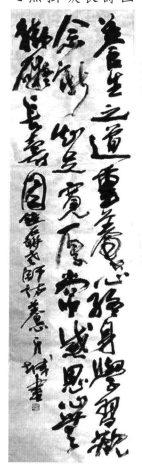

未必好

世間長壽未必好
能跑能跳會搞笑
慈祥隨和不嘮叨
不痴不呆才是寶

調五欲

欲除肉身病苦源
須調五欲內心觀
得病不外內外因
外因易避內因難

遠離中西醫

英雄最怕躺醫院
任人擺佈不得怨
若要遠離中西醫
每日吐納三百遍

養生操

日日不忘養生操
不為武林武功高
但求無病活到老
能走能跑又能跳

第五章　玄音

書法　呂政宇大師

感恩雙手

感恩我有一雙手
寫字按鍵雕石頭
搔癢開車趴趴走
燒柴煮茶又端酒

誰的罪

一人教之眾咻之
是非分明心中知
言行不一常順勢
自己造業自己吃

附庸風雅

> 琴棋詩書畫
> 書畫牆上掛
> 附庸學風雅
> 無奈全是假

感恩雙腳

一生全靠兩隻腳
東南西北到處跑
上山下海不能少
感恩珍惜用到老

護生

萬物皆好生
生命與人同
一呼一吸間
助牠一臂功

萍緣

緣聚視如萍
萬勿誓情鍾
披毛帶角隨
並非穴來風

玄音

菩薩人間隱
妙譬啓人心
智慧悟了因
妙語透玄音

菩薩人間隱
妙譬啓人心
智慧悟了因
妙語透玄音
玄音

天機

天人要合一
內外當一體
人境相融入
忘我得天機

紅塵

偶開慧眼覰紅塵
五濁惡世欲纏身
可憐身是此中人
染缸深處翻打滾

造字

有子有女真正好
青春少女才是妙
不正為歪難免倒
仙俗山頂谷底繞

第六章　人生路上

書法　簡豐益大師

一場戲

人生一場戲
真假難辨義
因緣偶相聚
何處是皈依

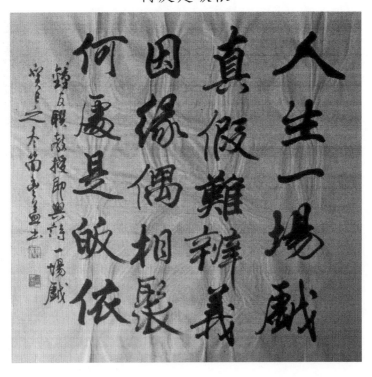

自重

功名自行參
自重保平安
造業各自擔
誰替您買單

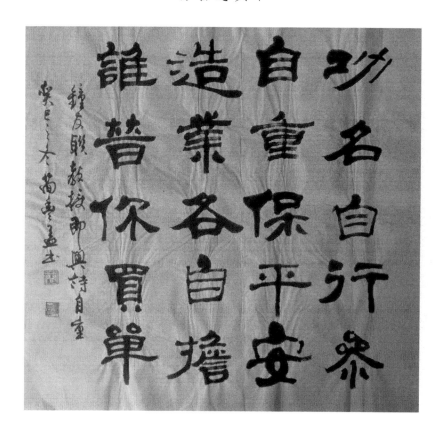

自己帶

衣食自己帶
出頭得競賽
恩怨情仇債
買單趁現在

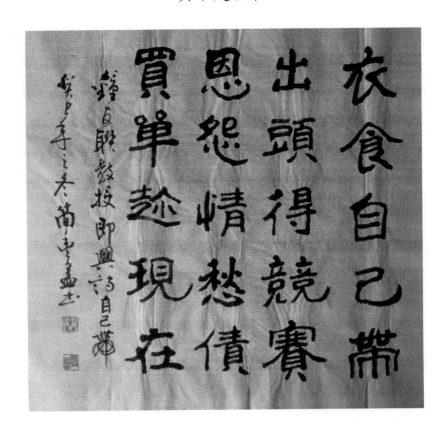

故事

故事自己編
角色我來扮
歡喜認真演
趣味滿人間

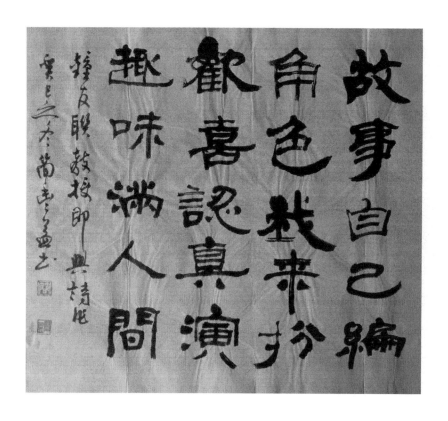

增樂趣

生活加點戲
鏡波起漣漪
平淡增樂趣
天生好演技

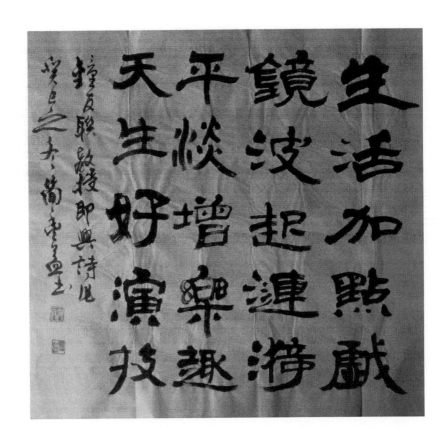

難相比

人生路上多驚奇
有風有浪有漣漪
汗水淚珠和稀泥
各自探索難相比

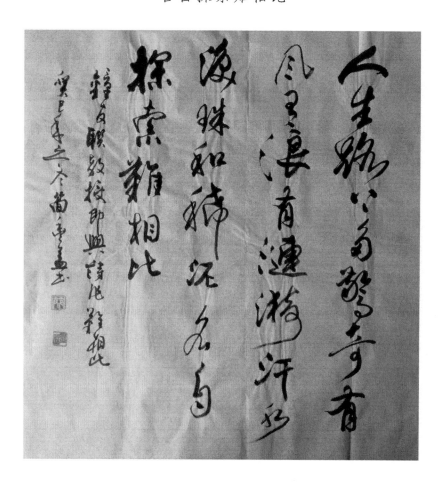

向天要

人生有淚有歡笑
颱風地震和海嘯
畢生經營全毀掉
公理正義向天要

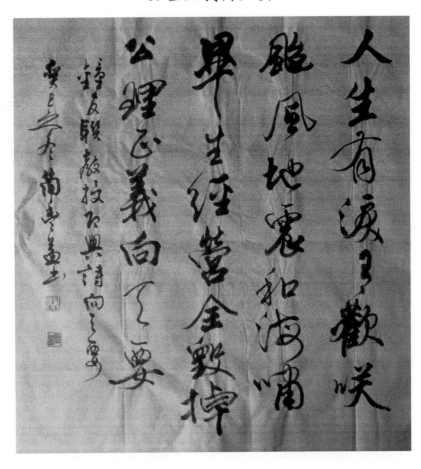

當珍惜

人生路上我和您
歡樂分享擔挑起
相互扶持不分彼
有緣相逢當珍惜

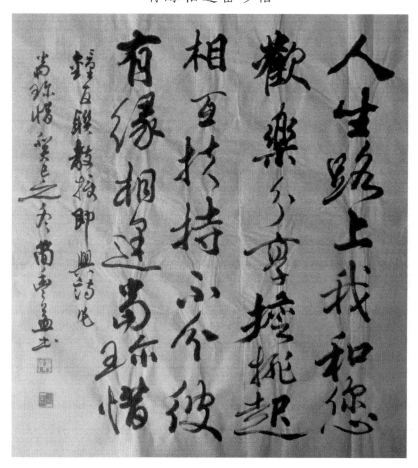

迎風起

人生路上有風雨
打起傘來穿簑衣
戒慎惕礪在旦夕
逆境不退迎風起

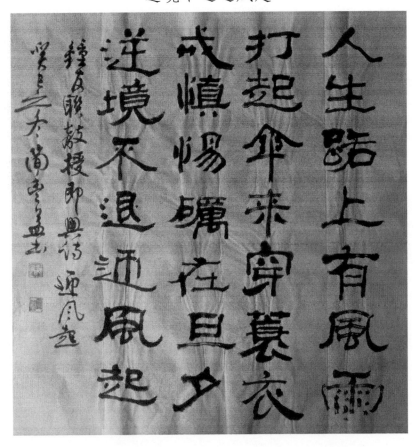

墨海戲

人生路上我和您
您玩丹青我弄筆
蒔花弄草墨海戲
悠哉游哉創天地

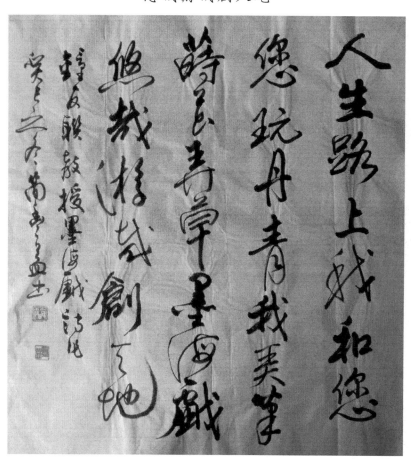

第七章　知止

書法　黃登仕大師

知足知止

知足又知止
從此苦不吃
滋味全在此
快意唯自知

知止

知止而後定
波濤趨平靜
定靜安慮得
循序入佳境

進退行止

進退行止不失據
行住坐臥守分際
幕前幕後皆有趣
台上台下都是戲

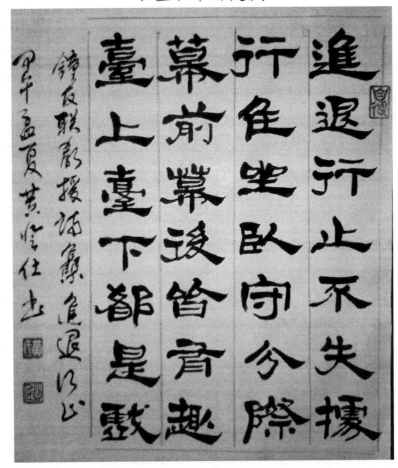

不知止

飛黃騰達躍上枝
得寸進尺不知止
多多益善無息時
惶惶終日直到死

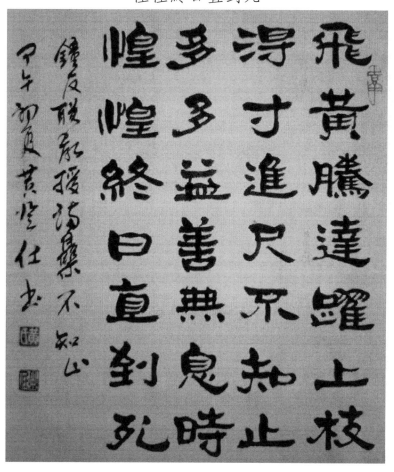

進退

當止就得止
進退理不失
此理人盡知
遇事全成痴

懂知止

慾壑難填人皆知
橫衝盲撞無了時
到老始終把夢織
人生最難懂知足

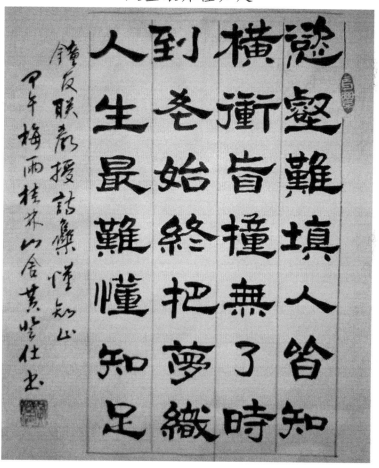

能知止

人生本有福
想開就滿足
放下能知止
從此不尋苦

去留

行止本無礙
去留心自裁
凡事看得開
進退皆自在

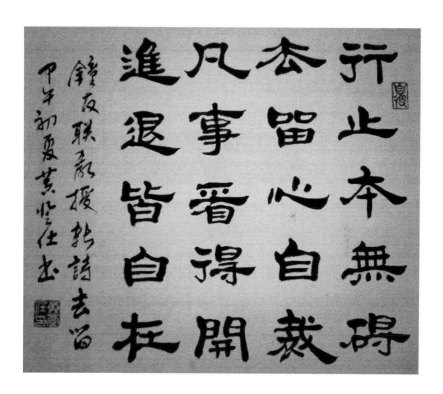

第八章　不逐流

書法　陳世民大師

不羨慕

不窮不富不餓肚　　不貴不賤不受辱
不貪不求不染污　　不爭不辯不羨慕

我是凡夫

我是凡夫不是仙　　七情六慾全不免
吃喝拉撒也無減　　一無本事別問籤

有死生

有血有肉有死生
有情有義有掌聲
有酒有茶有互動
有說有笑有美夢

沈淪

一言道盡凡夫心
真想超脱幾多人
錯把修行當經營
難怪佛道日沈淪

獨醒

獨飲獨酌獨私品
獨來獨往獨單行
獨立獨居獨自眠
獨歌獨樂獨我醒

萬般拋

人情冷暖一團糟
風雲波濤一路操
船過無痕萬般拋
心無所戀境界高

如如不動

如如不動道人心
寵辱皆忘曾聽聞
爽與不爽肚裡吞
亙古長夜到如今

直道而行

好人壞人腦筋傷
不問智慧問上蒼
直道而行人氣昌
逆天違理久必亡

心機

名利富貴努力追
湖海無端起是非
紅塵夢醒全都飛
心機用盡轉成灰

不朽

我非狂狷不逐流
寄居人間似蜉蝣
浮光掠影難持久
立德立言盼不朽

第九章　放手

書法　陳志宏大師

放手

緊緊握住怕飛走
牽絆掛念添憂愁
春去秋來把花嗅
無為不為學放手

隨他

小心翼翼我拉把
時牽時扶終長大
翅硬高飛自招駕
放手翱翔全隨他

天地寬

放手勇闖天地寬
兒女私情放一邊
地老天荒何必擔
百年難敵千歲怨

相扶相持

相扶相持一路走
牽扯掛念相廝守
勞燕分飛難臨頭
海闊天空因放手

勇步走

藏頭露尾顧忌多
喜忌趨避成困守
悟得空理出雲岫
大刀闊斧勇步走

第十章　禪味

書法　木舞山人

都愛

茶禪一味真無礙
酒能行氣通血脈
一杯在手詩興來
詩酒茶禪全都愛

無茶

煮茶待客訪
斗室飄滿香
寒夜常思量
無茶無詩荒

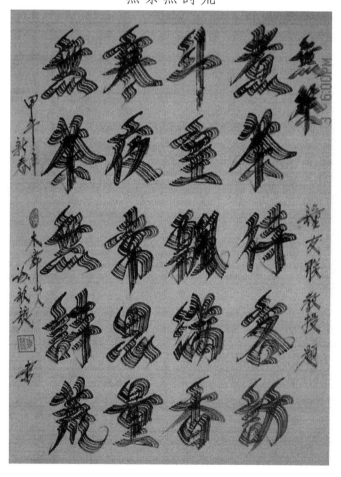

禪境

詩意得自禪
佳句靜中傳
世出世入穿
輕鬆可超凡

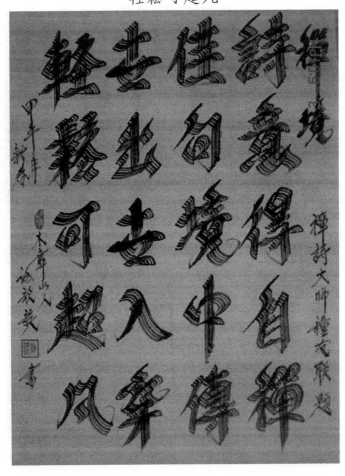

一室香

有酒共品嚐
有茶一室香
有詩屋芬芳
有禪靜安詳

眞心

天涯覓知音
踏破鐵鞋尋
越過千山問
何處得眞心

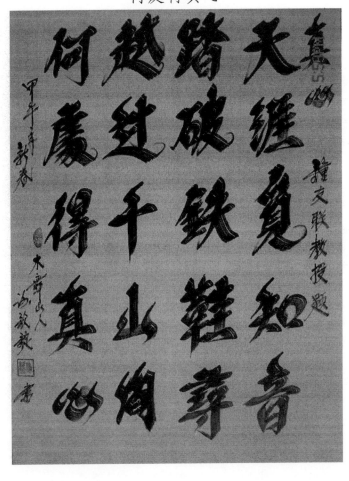

禪意

行雲流水禪意濃
句句淺白人人懂
條條大路緊跟從
光明磊落欣向榮

高調

人生逆旅忽匆匆
詩酒茶禪執亦空
自在生活放輕鬆
高調自彈亦可通

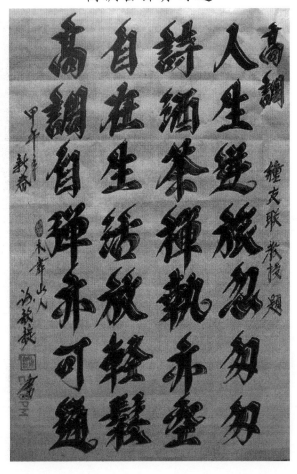

閉目養神

閉目養神心地清
不聞不問亦不聽
培元固本最宜靜
養精蓄銳入禪定

歸眞

酒能豪情血脈賁
茶可生靜能清心
禪益靈性忘了身
詩在動靜全歸真

無爭

無爭天地濶
計較常惹禍
耕耘不怠惰
天天有收穫

第十一章　都是禪

書法 蔡篤釗大師

蟬蠶纏禪

一心想入禪
靜如繭中蠶
手腳全受纏
開口似噪蟬

纏

五欲渾身纏
問道求心安
何時纏能斷
當下心底看

口頭禪

口頭竟然也成禪
掛在嘴邊不斷彈
食之無味少反感
不知不覺團團轉

殘禪

生老病死一生殘
酸甜苦辣入味饞
突破紅塵破繭蠶
婆心渡人若夏蟬

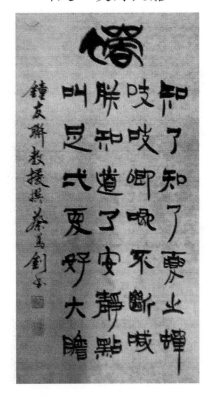

蟬

知了知了夏之蟬
吱吱唧唧不斷喊
朕知道了安靜點
叫足一夏好大膽

殘

有人愛學禪
諸事全不管
枯坐弄破碗
妻離子散殘

怎算禪

五光十色得心歡
迷戀五欲不離饞
四體不勤就是懶
枯坐無思怎算禪

朕知道了

炎炎夏日難消暑
但聞噪蟬不停呼
吱吱喳喳伊伊唔
朕知道了人間苦

笑談

清風見我閒
呼我入禪院
遇師便問禪
開口成笑談

道破禪

逢人就談道破禪
苦口婆心語自然
唯恐不悟天天談
古道熱腸人間罕

饞禪

開口閉口盡是禪
死纏活纏難脫纏
無門關前才知殘
畫餅說食怎止饞

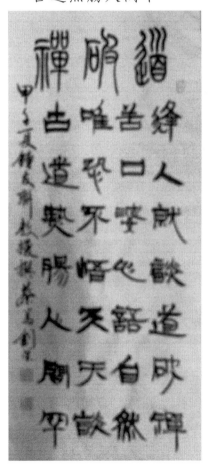

第十二章　苦心渡人

書法　黃國雄大師

片言隻語

片言隻語了悟深
飄然遁世子一身
孤身萬里語似僧
牟尼明珠彩光真

青山綠水

金山銀山富貴山
不如青山綠水邊
青山雲霧日數變
綠水清悠微波瀾

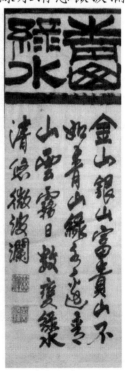

天地清

浪裡翻花夢中醒
一語穿心交錯驚
阡陌縱橫千里風
情歸四海天地清

操之在己

因緣聚合不是命
法爾如斯心相應
操之在己都會贏
快樂自在此中行

不貪不妄

痴心盼望總是苦
不貪不妄竟得福
無欲無求成佛骨
時刻不忘把心護

悵惘

人來人往均是閒
有客無客從未嫌
繁花落盡問從前
空留悵惘在心田

蒙塵

明鏡因何而蒙塵
心湖為誰起波紋
鎮日無事竟失魂
不思不想我昏沉

苦心渡人

古有陶侃愛搬磚
今人除草卻嫌煩
自強不息意志堅
契而不捨得心傳

問道義

青天知我心出離
頭頂青天腳立地
杯中酒盡情依稀
不問是非問道義

活泉

苦心渡人一首詩
悟得千秋總不失
活泉甘霖不藏私
當下一念正此時

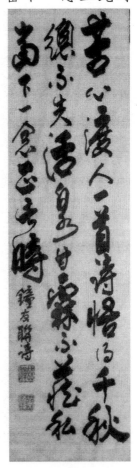

第十三章　知足

書法　林原大師

擁有

曾經擁有不容易
比上不足下有餘
有就很好當堪惜
知足感恩笑嘻嘻

知足

知足怨氣少
貧富差距小
急難政府包
幸福指數高

心富

心富懂知足
靈淨知惜福
得失已枉然
加減人生悟

心靈富

人貧心不貧
人孤心不孤
天寒心不寒
只因心靈富

惜物

為官不貪污
經營能惜物
感恩又知足
全因心靈富

富足

日用有餘即富足
自得其樂煩惱無
快樂自在心有餘
心湧清泉萬人服

學知足

走過千山學知足
閱盡古今不多圖
後退一步海天闊
喜樂平安心靈富

心坦然

暗室不欺心坦然
知足惜福日悠閒
俯仰無愧得安心
自助天助常平安

節儉

平安知足常快樂
節儉惜福不挨餓
若有閒情好自在
人間菩薩得慶賀

心靈的富翁

欲少心靈富
惜福得知足
日用並不多
何必狂追逐

第十四章　門道

書法　胡興華大師

笑顏開

世界多美麗
顏開笑嘻嘻
彌勒人間戲
渡人在旦夕

有分寸

心中有他人
不讓別人忍
舉止有分寸
百事皆得順

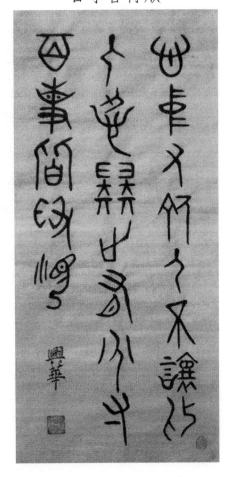

古今

博古通今學識豐
談古說今聊得通
以古鑑今通世情
亦古亦今恆流行

觀風月

把壺談笑觀風月
從來無心掃落葉
逢場應酬早已絕
唯有詩文四處貼

不走捷徑

走過方知來時苦
光鮮背後不糊塗
耕耘收獲少含糊
不走捷徑無貪圖

十全

十全十美人稱羨
十分圓滿無缺憾
十足把握信心滿
十地菩薩功德圓

春秋

春有百花傳繽紛
秋留明月酒一罇
四季春秋眷戀深
伯仲之間難區分

祝福

平安我祝福
發財不能無
升官亦可圖
萬事皆自如

少素養

知識淵博廣
財富達三江
公德卻淪喪
人文少素養

門道

行行須深入
百業皆難獨
門道不能忽
泛泛少傑出

第十五章　幸福

書法　黃壽全大師

終幸福

生活二字好辛苦
挑擔負重走遠路
養育責任盡任務
苦盡甘來終幸福

生活二字好辛苦挑
擔負重走遠路養育
責任盡任務苦盡甘
來終幸福

終幸福　鍾友聯教授撰
三〇四　黃壽全

幸福很簡單

幸福很簡單
有人卻喊難
意足心常滿
所圖唯清閒

幸福久留

知足不妄求
感恩從未休
包容無愧疚
幸福必久留

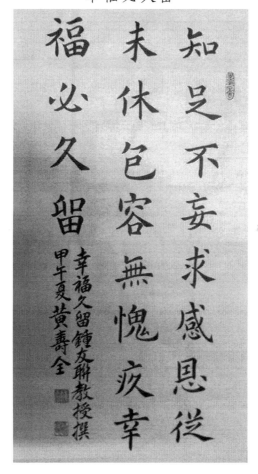

眞幸福

海闊天空不覺苦
衣食無缺真幸福
樂在其中別無圖
得過且過妄念無

共相守

夫妻牽手一路走
不怕風雨曬日頭
同甘共苦共相守
相互扶持到白首

共相守　鍾友聯教授撰
甲午夏　黃壽全

幸福趣

老來懂珍惜
擁有不容易
創造幸福趣
後生宜看齊

老来懂珍惜擁有不
容易創造幸福趣後
生宜看齊

二〇一四 黃壽全

幸福趣 鐘友聯 教授撰

互唱互隨

一路相依偎
互唱互追隨
相惜不相違
孤寂有人陪

幸福

幸福一畝田
勤耕不偷賴
子媳乖順冠
一生愛妻賢

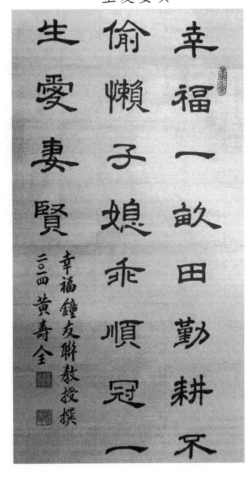

常相守

心寬無煩愁
好事留心頭
平安唯我求
幸福常相守

牽手

既然稱牽手
同心一路走
不怕苦來磨
一生常相守

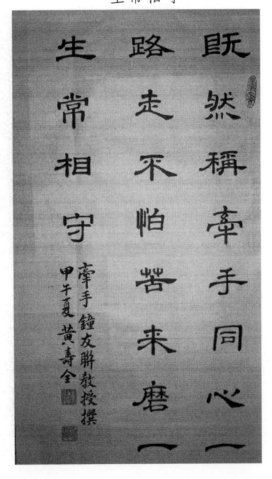

在眼前

幸 福 在 眼 前
誤 認 在 天 邊
心 滿 意 足 甜
恩 愛 常 纏 綿

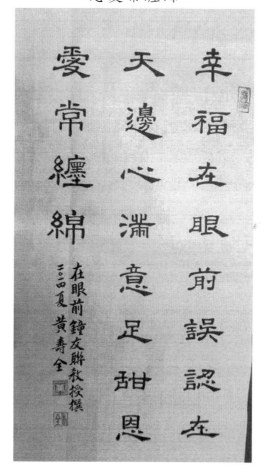

發現幸福

走出浪漫的迷失
活在生活才踏實
共同參與點滴拾
發現幸福原在此

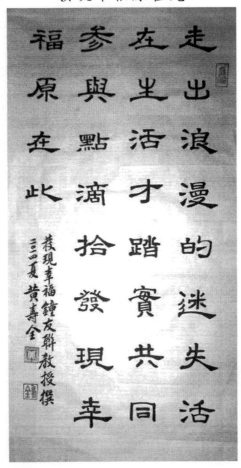

淡中來

幸 福 錢 難 買
窮 通 兩 邊 擺
生 活 加 色 彩
滋 味 淡 中 來

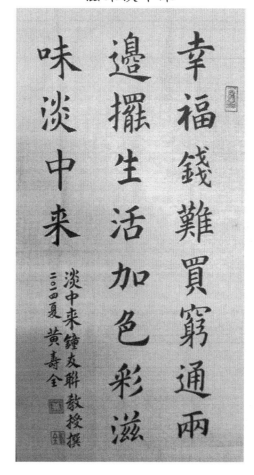

幸福常在

心窗常打開
天光照進來
好運上天派
幸福永常在

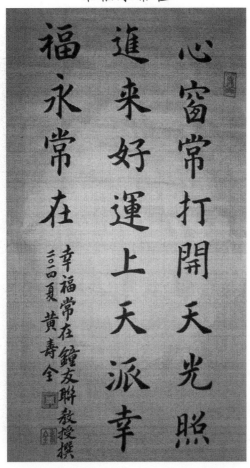

眞言

平安就是福
道得已近古
心安不必賭
真言不落伍

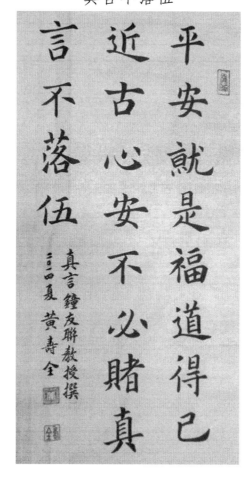

第十六章　道心

書法　林文彬大師

胡亂追

拾人牙慧四跟隨
人云亦云一張嘴
不知底細胡亂追
利空出盡滿頭灰

好議論

街上藍綠橘黃人
七嘴八舌好議論
吃飽喝足當説客
義憤填膺熱滾滾

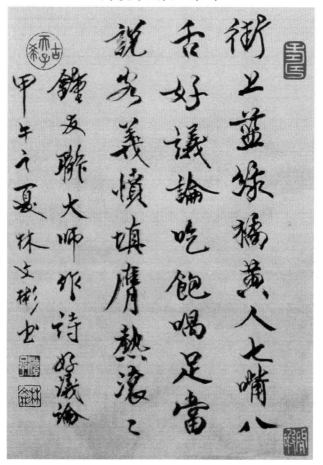

道心

梵 音 聲 悠 揚
鐘 鼓 陣 陣 響
放 下 紅 塵 想
道 心 日 日 強

廟妙

廟 要 有 正 道
無 道 就 不 妙
人 要 有 自 信
徬 徨 才 進 廟

十分

十分美麗好人緣
十分有趣人不嫌
十分快樂長壽源
十分幸福人人願

問啥

醫生尋病理
法官問動機
禪師笑嘻嘻
一問喫茶去

無敵

病有內外因
累世業力引
若悟色即空
無敵一顆心

眾生期

飛龍在天透玄機
講信修睦講道義
天下為公眾生期
世界大同在這裡

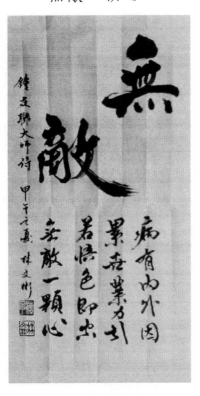

自救濟

萬事不能急
安全擺第一
意外很難避
唯有自救濟

分享

贈人鮮花留餘香
恩澤於人喜洋洋
若有餘力樂分享
不分雅俗全都講

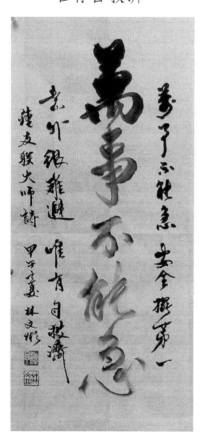

第十七章　心靈富

書法　黃木輝大師

凡人

一介農夫只知耕
不慕榮利泥土親
不卑不亢心地真
不高不低是凡人

魔考

老天出魔考
身心苦煎熬
堅忍把光韜
脫胎換骨瞧

考驗

承受千斤擔
心性待磨練
逆境當考驗
苦樂兩頭見

靜中

但見爐煙飄
未聞童吹簫
定晴仔細瞧
山雀窗前跳

壺中

壺中藏大千
待我把蓋掀
茶酒往裡添
塵勞化成煙

福氣

能　夠　下　田　真　是　福
滿　頭　大　汗　不　覺　苦
能　吃　能　睡　又　能　拉
此　種　福　氣　天　上　無

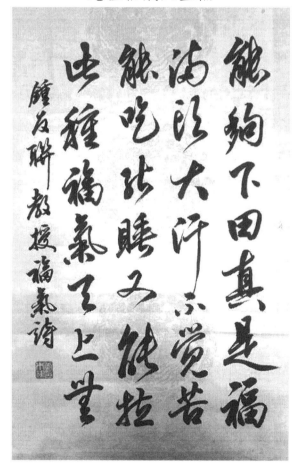

病苦

病苦蹲苦牢
坐立如何好
堅忍身心熬
海闊天空了

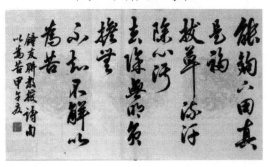

以爲苦

能夠下田真是福
拔草流汗除心污
去除無明負擔無
不知不解以為苦

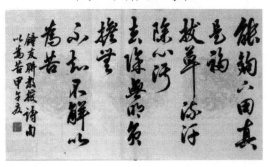

天德

日出而作日入息
說來簡單做來難
自強不息是天德
人不偷懶萬事甘

心靈富

荷鋤歸來電腦開
十方雅士傳詩來
兩手空空心靈富
人跡雖少閒人愛

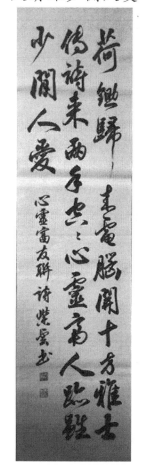

第十八章　禪餘歪詩

書法　鍾文海大師

喫茶去

老翁耍把戲
拈花吐口氣
客來喫茶去
禪心傳詩意

隨心調

禪餘吟詩樂逍遙
成佛做祖太無聊
做人雖煩常歌謠
喜怒哀樂隨心調

非兒戲

虎紋身上披
閉目不想伊
凡事甭再提
入禪非兒戲

窮通

得失放得開
榮辱一邊擺
窮通皆精彩
禍福不掛懷

心未亮

裝模我做樣
貽笑太張狂
痴心又妄想
離禪心未亮

禪餘歪詩

禪餘歪詩露天機
落在二邊二非一
拾取中道握太極
能進能出上根器

悟得巧

禪餘吟詩唯仙曉
發人深省悟得巧
喜怒哀樂當做橋
酸甜苦辣用心調

不用追

今是勝昨非
已逝不用追
有志一起飛
同體大慈悲

本地風光

禪餘吟詩君前唱
本地風光一片亮
明山秀水何必騙
寒天飲冰亦舒暢

顯天機

禪詩妙句顯天機
天上人間遊太虛
一腳在天一腳地
成佛做祖成仙去

第十九章　菩提道

書法　葉錫棟大師

放空歸零

心靈世界無限大
紅塵世俗難招架
放空歸零就不怕
悠遊自在人羨煞

菩提道

了生脫死菩提道
出入世間因果妙
解行並重解脫法
脫離苦海佛法好

說食不飽

空口白話惹是非
說食不飽全白費
實修實證有體會
印證佛法靠智慧

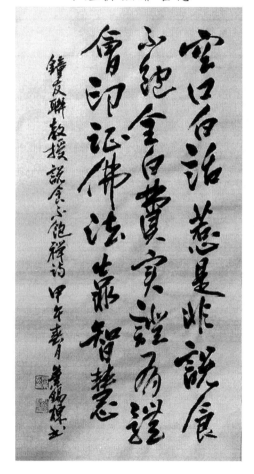

學佛陀

菩提道上學佛陀
同體大悲無界國
一證真如圓覺心
空有不二無你我

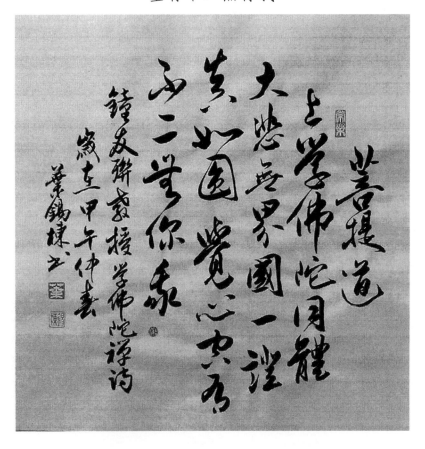

八風吹

無獨有偶五濁追
三毒四大侵入醉
七情六欲八風吹
九宮十方難回歸

有人無我

摩頂放踵利天下
怨親平等眾苦拔
普濟眾生願力大
有人無我真菩薩

第二十章　無常

書法　陳至雄大師

笑看

且莫歎無常
百味難遍嚐
歌樓不嚮往
笑看亦無妨

生氣

無常顯生氣
代代有大器
後浪推前浪
浪浪成一體

音流

梵音處處有
靜中可漫遊
無常演音流
四時常悠悠

心徬徨

人人道無常
卻受名利綁
紅塵追逐忙
回頭心徬徨

多積福

四大本空無
花落歸塵土
大限難做主
唯有多積福

難逃

世事本無常
豪宅若牢房
金庫心鎖綁
難逃棺材躺

道場

世人尋道忙
不知悟無常
無染成天堂
直心是道場

無常

無常總是費疑猜
一覺還能醒過來
無病無痛也無災
歡喜滿足笑顏開

何妨

人生雖無常
美景我欣賞
百味偶而嚐
不執著何妨

迷惘困惑

疲憊不再談是非
迷惘困惑胡亂追
無常一到各自飛
淚盡無苦也無悲

第二十一章　樂活

書法　張鎮金大師

樂活

樂活在山間
悠悠我心閒
無事別問天
喝足睡飽甜

心不朽

樂活四處遊
見證天地悠
天長地自久
唯我心不朽

幻化

樂活趴趴走
青山綠水遊
繽紛似彩球
幻化不久留

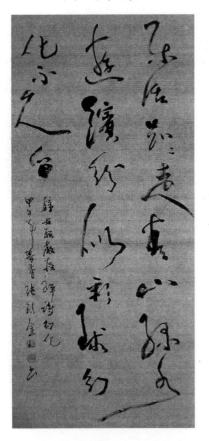

塵事

樂活別無歎
煮茶爐煙幻
塵事日趨淡
籬邊野草漫

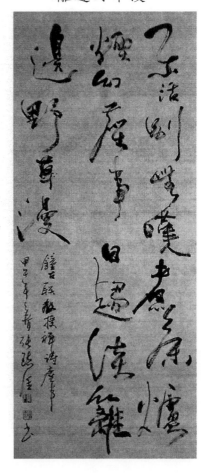

靠自己

樂活靠自己
神佛不得替
日用練體力
有病就當醫

放空

樂活一老翁
獨行蒼林中
塵境已放空
無扇竟得風

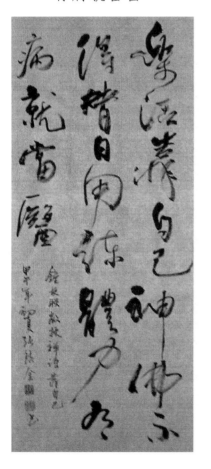

世情淡

世情淡一分
誘惑難纏君
諸煩永不侵
人神共尊欽

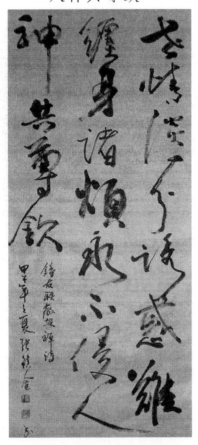

不求全

有山又有田
凡事不求全
樂活在人間
不再羨神仙

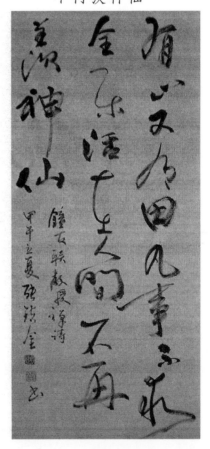

好身體

生活有規律
功法常練習
飲食要清淡
自有好身體

賽神仙

開門得見山
抬頭能望天
宅居地不偏
樂活賽神仙

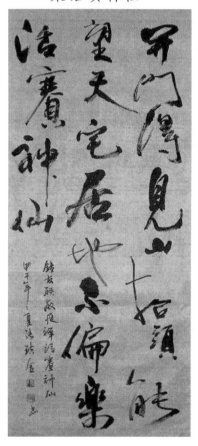

第二十二章　看不破

書法　黃明珠大師

依天行道

福德具足得天年
子孫滿堂瓜蒂綿
後代福蔭人稱羨
依天行道苦盡甘

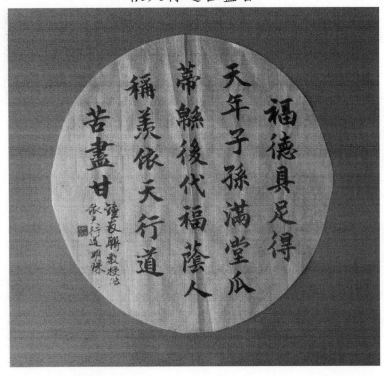

難如人意

人生難盡如人意
起起伏伏有順逆
逆來順受合天律
終究柳暗花明替

看不破

滿口金言學佛陀
緇銖必較難忘我
紅塵名利看不破
身心自在沒把握

放下過去

放下過去無橫陳
猶似船過水無痕
把握當下分秒新
剎那永恆念念真

看得破

地水火風難由我
受想行識不執著
色即是空看得破
心無掛礙似佛陀

紅塵劫

造化弄人紅塵劫
定心誠意常自覺
親近佛道聖賢學
萬般無奈全都歇

歸家

戀戀紅塵不知捨
燈紅酒綠又如何
本地風光親不得
歸家始見雀繞舌

看破放下

諸障迷惑心眼瞎
海市蜃樓全是假
逐妄迷失忘歸家
看破自在放得下

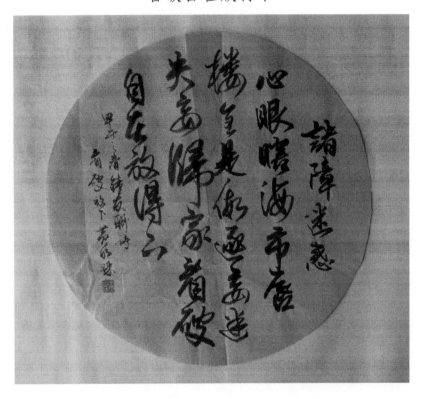

笑看風塵

笑看風塵雲湧起
忙忙碌碌奔東西
歸見青山一般寂
風動樹搖見草低

紅塵倦客

閱盡人間好春色
鑑領風騷卒過河
口蜜腹劍刃上舌
看破紅塵一倦客

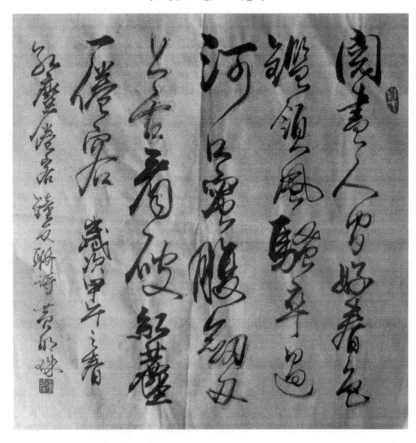

第二十三章　做自己

書法　李庭磊大師

謹言

是非常因口舌起
謹言慎行人常提
話語既出難追回
心結誤會常起疑

惡念

心田不耕蔓草淹
妄想執著起惡念
失足成恨墮深淵
追悔痛心亦枉然

訪道孤

嫦娥奔月我不知
崑崙一脈獨秀枝
踏月尋仙訪道孤
斗換星移白髮髭

圓滿

誤假為真亂之源
借假修真迷一團
單超直入得心傳
當家有主才圓滿

本心

牟尼珠現天地長
始知浮生盡荒唐
識得本心歸家鄉
也無風雲也無浪

無憂

高風亮節人間留
雲淡風輕天地悠
山自高聳水自流
娑婆世界本無憂

終是空

朝霞暮色舞春風
妄想執著使人瘋
迷戀追逐無盡時
金屋玉宇終是空

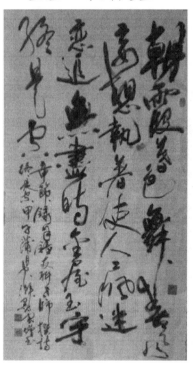

舞台

人生四處有舞台
各自選取展長才
樂在其中意自開
相應得趣掌聲來

做自己

有為有守要爭氣
天降大任擔得起
閒言閒語隨它去
不落俗套做自己

塵中會

不瘋不顛也不醉
是是非非不受累
五行生尅少犯規
悠遊自在塵中會

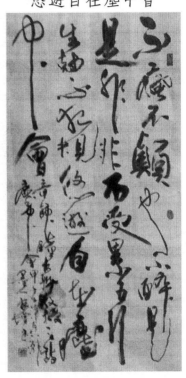

第二十四章　行禪

書法　許明山大師

行禪

行禪心專注
登高不炫酷
一步一印入
迎風望遠處

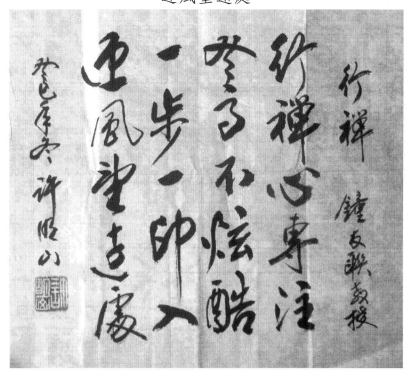

禪味

蒼天有巧手
禪味花間走
枝條偶交錯
含笑上心頭

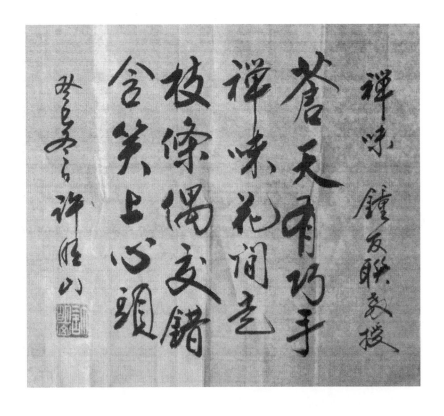

禪味

生活加禪味
舞墨意自飛
知音來相會
無酒亦可醉

把筆揮

興來把筆揮
留白線條黑
舞動似龍飛
細看得禪味

跏趺坐

借 我 金 龍 座
雙 盤 跏 趺 坐
真 人 不 開 口
笑 我 真 做 作

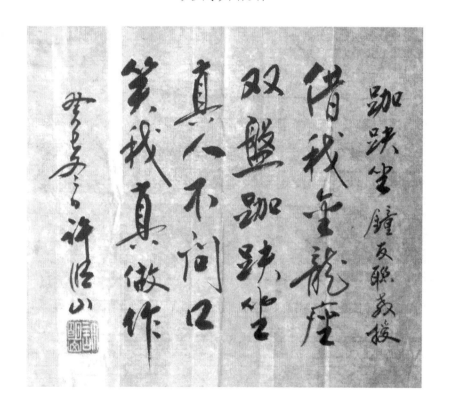

禪客無心

禪客無心賞蝶蜂
念念相隨意匆匆
來去自如一陣風
山水盡在不言中

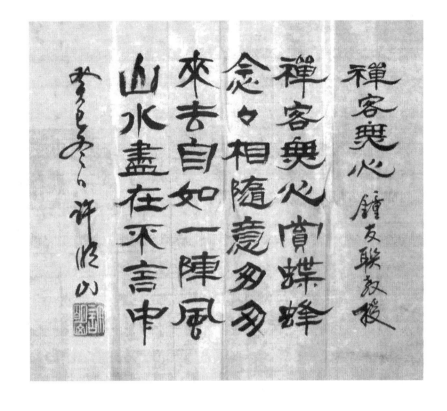

一念眞

青山翠竹見法身
潺潺溪聲傳法音
搬水運柴功夫深
日用全在一念真

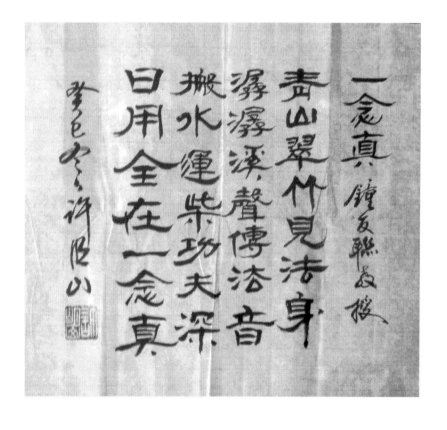

返本歸眞

搬水運柴本俗徒
青山翠竹無特殊
識得本心無一物
返本歸真大丈夫

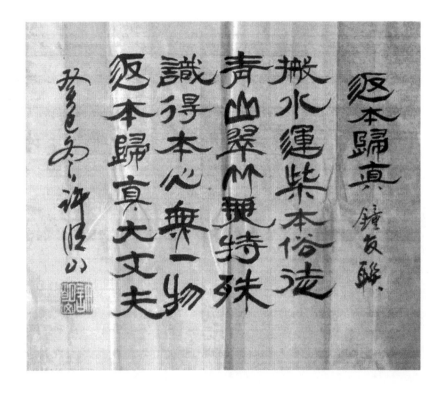

自家珍

四處參訪百妙門
日夜禮拜一片心
道遠無濟入邪深
回頭才知自家珍

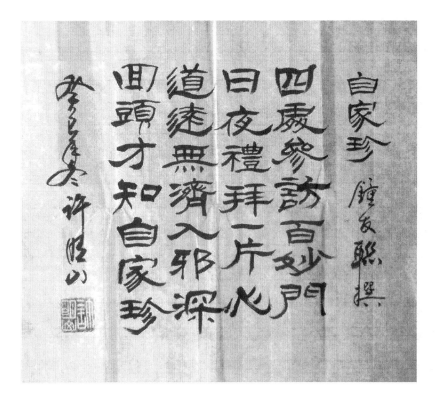

無相

識得無相是本體
其大無邊如須彌
無裡無外歎稀奇
睜眼凡夫知幾許

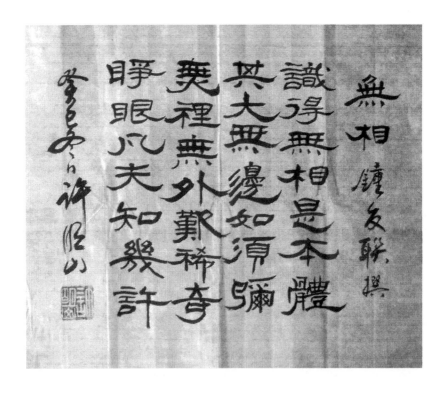

第二十五章　祈福感恩

書法　何正一大師

心量

盼望他人好
災難可減少
心量廣無邊
自在狂逍遙

虔誠

攝心憑虔誠
凝神專注贏
寶貴一顆心
慈愛悲憫盈

能量

禱告能量強
無私又善良
利他愛心廣
平安大吉祥

念力

正向念力強
成事賴心想
祝福你我他
和樂喜洋洋

溫暖

禱告傳心意
溫暖窩心底
莊嚴那一刻
影音全不記

愛心

禱告傳心念
念力達無邊
愛心無界限
也是菩薩願

珍惜

生命無短長
終歸老天賞
珍惜已擁有
滿足天地廣

安分

幸福很簡單
只要找平安
平安何處求
安分莫妄貪

眞言

平安就是福
道得己近古
心安不必賭
真言不落伍

不知寶

陽光空氣水
免費送入嘴
平凡厥功偉
缺一便成鬼

第二十六章　正向人生

書法　黃顯輝大師

笑一笑

正向人生是非消
笑口常開憾事了
無煩無惱病魔逃
逆來順受笑一笑

隨遇安

人的一生競賽難
各有所長各有短
盡力而為隨遇安
實現自我當樂觀

正向人生

肢體障礙靈性高
心態正向樂逍遙
享受掌聲哈哈笑
樂在比賽沒煩惱

盡力

手指長短難一致
禍福窮通亦如此
法爾自然本如斯
盡力而為可順勢

勇往前

韶光易逝又一年
如魚少水心不閒
見性一路勇往前
披荊斬棘志不減

福壽安康

吃飽喝足人人要
修心養性開心笑
盡力而為不計較
福壽安康人生妙

寒流

寒流刺骨冷颼颼
強風吹得池水縐
保暖身體心不憂
照樣林下水邊走

易節

寒暑易節衣更替
拉風狂舞正是戲
傷風敗俗知所避
吃喝玩樂無異議

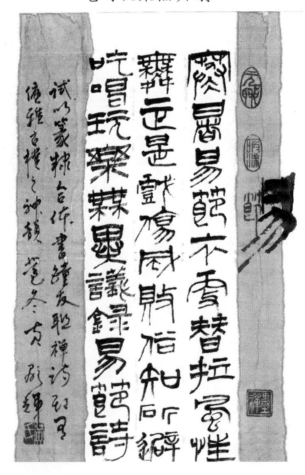

樂在紅塵

紅男綠女酒當歌
吃喝玩樂身心熱
時尚前衛成日課
樂在紅塵又如何

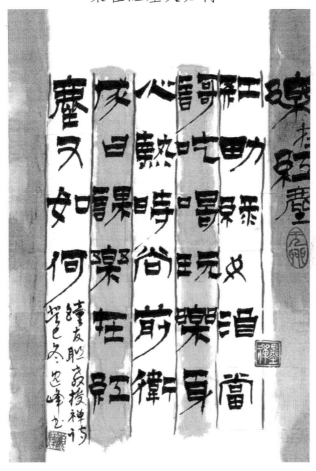

當下擁

自身有寶在囊中
福至心靈當下擁
滿足珍惜足堪用
抱怨含恨一生庸

第二十七章　看透

書法　吳清華大師

無語

禪者無語靜中留
勞形物役難將就
拈花微笑境裡求
如人飲水別難嗅

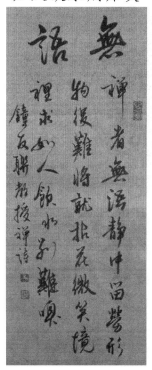

一溜煙

歲月一溜煙
匆匆走人間
苦辣麻修練
酸甜共體驗

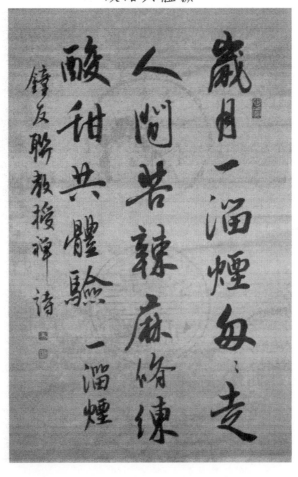

錯過

金木土水火
相生相助所
互尅必擺錯
無緣當錯過

無怨

水聲潺潺橋不語
跨越兩岸結連理
無怨馱伏手相攜
日復一日晨昏夕

爲誰白頭

青山無語卻有情
華髮乍現又一景
為誰白頭從天聽
穩如禪者不勞形

法界莊嚴

繁花盛開傳信息
紅花綠葉從不語
法界莊嚴萬物齊
一沙一石可並提

緣聚

當下好福氣
歡天又喜地
萬事靠緣聚
無常何足懼

看透

看透不看破
了然如佛說
樂觀不亂捉
自在有把握

幻影

看透真智慧
愚痴盲從隨
幻影已難追
了然不作陪

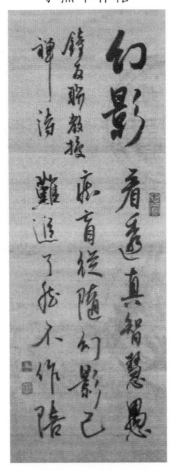

因緣聚合

因果難違常相依
因緣聚合唯心起
緣聚相知相疼惜
緣盡瀟灑道別離

第二十八章　正知正見

書法　黃瑞銘大師

問道於盲

種豆得豆何須疑
是毒是藥請問醫
問道於盲終不取
耕耘收獲成正比

不問

不問命運盡己力
不問鬼神講仁義
不問祖先因果地
不問明日今日畢

不問命運盡己力

不問鬼神講仁義

不問祖先因果地

不問明日今日畢

錄錢友聯教授禪詩　吉瑞銘書

消災

災要自己消
天堂自己造
果報隨時到
自作孽難逃

依歸

佛法為依歸
智慧常相隨
蠱惑立見摧
江湖術士毀

佛法為依歸
智慧常相隨
蠱惑立見摧
江湖術士毀

鐘友聯詩 端銘書

難十全

人生難十全
禍福皆難免
盡力得心安
別費心多貪

無人問

風雨雷電舞成文
蟲蟻鳥獸各自困
海浪洶湧日夜滾
天地悠悠無人問

風雨雷電舞成文
蟲蟻鳥獸各自困
海浪洶湧日夜滾
天地悠悠二　無人問

錄自聯教授禪詩　瑞銘丈

萬緣放下

紅塵萬緣放下時
牟尼寶珠原在此
光明照見明得失
一生追逐迷妄癡

一生追逐迷妄癡　　光明照見明得失　　牟尼寶珠原在此　　紅塵萬緣放下時　　萬緣放下

謙鐘石聯禪詩　黃瑞銘書

誰懂

我心悠悠誰人懂
頻頻遙望訴蒼穹
無端風雨起雲湧
曾經叱咤自稱雄

誰懂

我心悠悠誰人懂

頻頻遙望訴蒼穹

無端風雨起雲湧

曾經叱咤自稱雄

鐘友聯教授禪詩　瑞銘書

正知正見

正知正見正道行
歡喜承受有依憑
知足感恩知惜情
邪知邪見立分明

正知正見正道行
歡喜承受有依憑
知足感恩知惜情
邪知邪見立分明

錄鐘友聯教授禪詩　黃瑞銘書

智慧

智慧照愚暗
光明常照見
起心一動念
狐形必立現

智慧照愚暗
光明常照見
起心一動念
狐形必立現

鏡友聯吟　端銘書

第二十九章　感恩惜福

書法　陳昆益大師

與人爲善

感恩知足心在此
與人為善廣無私
冷暖親疏我當知
莫歎人情薄如紙

心靈

取之不盡如湧泉
用之不竭源不斷
物質世界有時盡
心靈無限富無邊

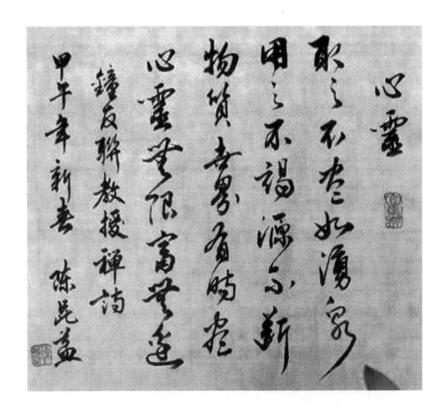

平安就是福

成功際遇人人圖
憂煩掛念全是苦
結局才知僥倖無
終悟平安就是福

惜福

贏得天下未必富
平安喜樂得自主
失去自我才是窮
感恩惜福全滿足

當珍惜

看看別人想自己
能夠擁有當珍惜
比上不足下有餘
感恩知足心不移

平安就好

非分不妄圖
感恩常惜福
行事奉天時
平安可不誤

淡泊

簡單生活足
淡泊很幸福
塵凡雜事無
平安人人圖

安分

日子簡單過
安分不闖禍
天天有創意
快樂有收獲

喜樂

知足又感恩
無染出紅塵
喜樂集滿身
共證菩提心

平安是寶

意外不曾少
災禍實難逃
病苦乖桀刁
平安真是寶

第三十章　禪在那裡

書法　張連香大師

論不停

燒佛斬貓因何情
禪院寺庵論不停
茶來茶去怨親平
我歌我笑山林行

莫遠求

禪在那裡莫遠求
當下即是免等候
一念不起參話頭
萬象歸寂淨念守

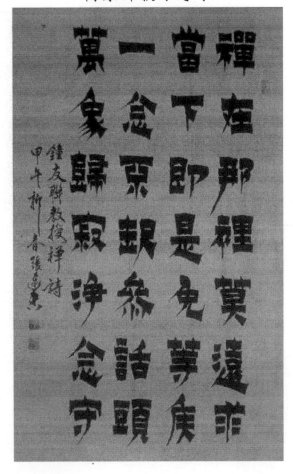

寸心在

只要寸心在
泥牛口能開
木鳥飛過來
無舟水能載

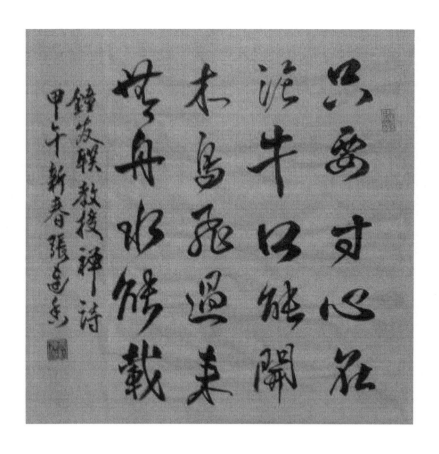

參透無獎

泥塑金裝佛顯靈
鐵牛耕耘也真行
石女有孕因何情
參透無獎算您贏

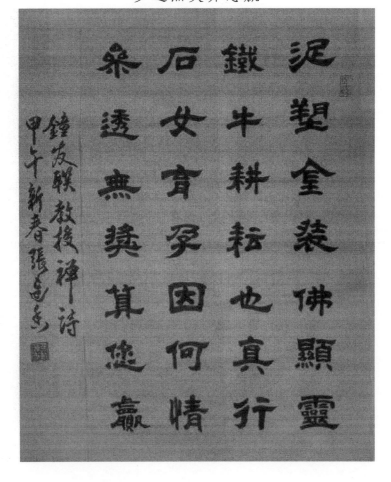

無孔笛

寸心大須彌
愛吹無孔笛
樂音天籟齊
無弦琴難替

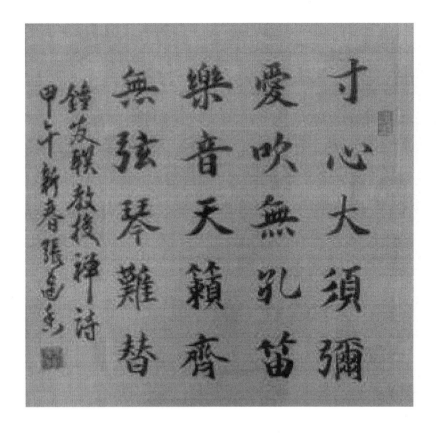

籬中求

禪在那裡籬中求
菜圃田間綠油油
時到花開水自流
放下自擾歲月悠

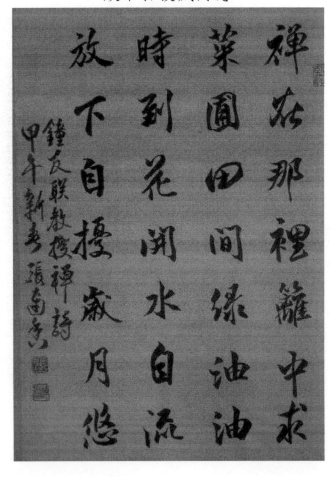

荒唐

蚊子釘鐵牛
痛癢因何由
舟在路上走
荒唐一定有

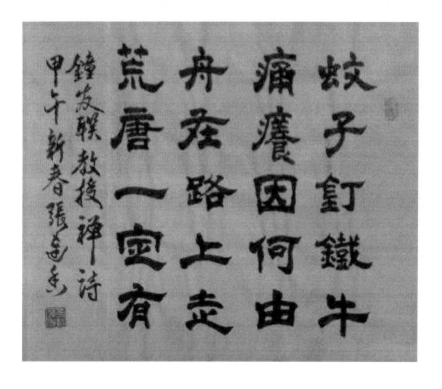

淨中求

禪在那裡淨中求
明鏡勤拭塵不留
三毒五欲何來誘
不攀萬緣一念就

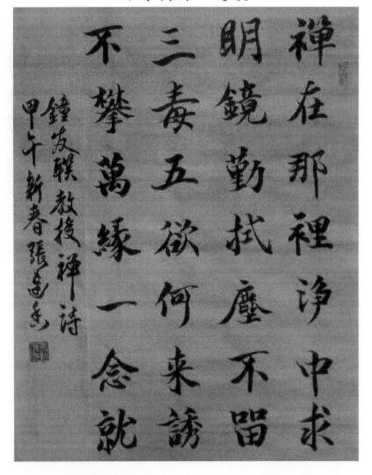

心中求

禪在那裡心中求
萬法唯心當下就
境隨心轉何來愁
一念三千念念休

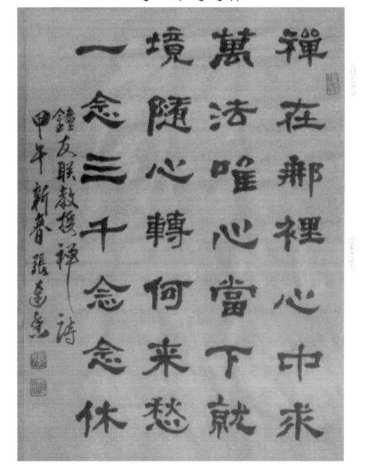

靜中求

禪在那裡靜中求
萬念俱寂繫心頭
清澈朗朗心中留
月映萬川萬古久

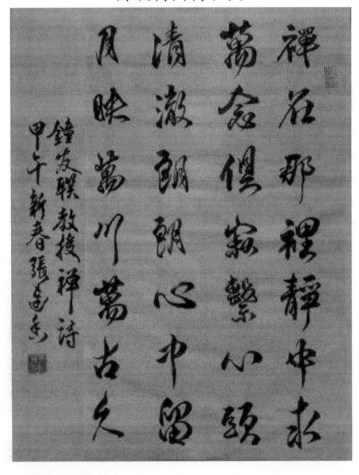

何必求

禪在那裡何必求
放下萬緣不自囚
名聞利養一起丟
清淨靈明寸心留

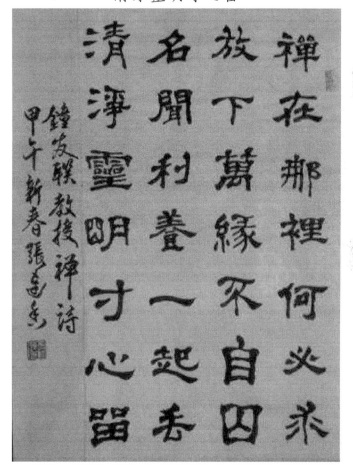

第三十一章　平安

書法　陳君天大師

子孫

子孫天地寬
平安不惹煩
適性得發展
快樂不平凡

平安

人人要平安
世人天天煩
逆天不知足
平安天邊遠

無煩憂

比金比銀輸很多
官祿爵位從未求
豪宅只堪街頭望
兩手空空無煩憂

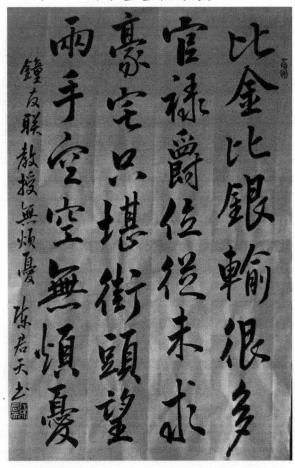

智慧財

錢財有時盡
又怕被人偷
唯有智慧財
隨身跟著走

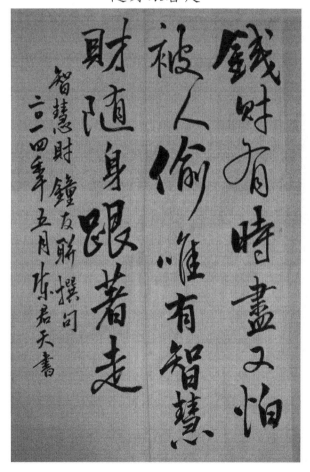

內觀

黃梁一夢世間過
虛幌一招難把握
內觀一途享自足
追逐一生原是錯

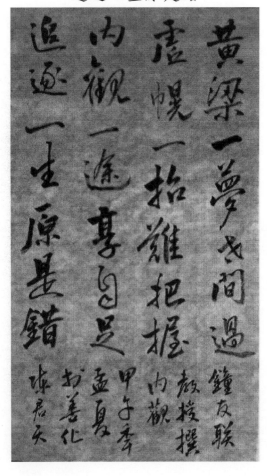

活著

生命本難曉
成住壞空消
生老病死搖
活著就很好

富翁

你我是富翁
有人卻不懂
拚命狂追逐
回頭命已終

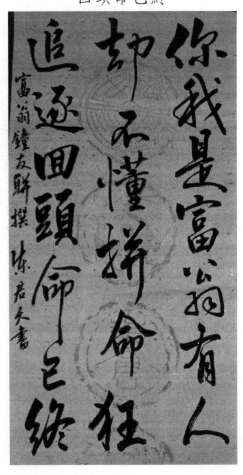

謝天

老天待我並不薄
有子有女有老婆
不聾不啞口能説
年愈花甲還能走

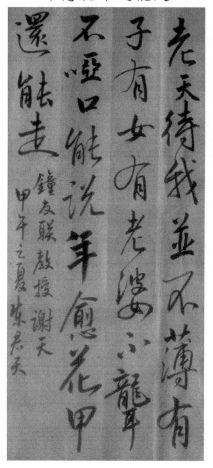

好年頭

若無煩事掛心頭
逍遙自在四處溜
平安幸福好年頭
必定活到九十九

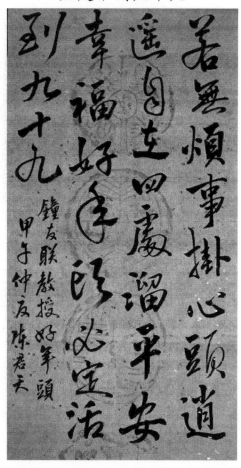

心靈富

都市叢林逼我逃
逃到山林樂逍遙
別人前進我後退
身貧心富見分曉

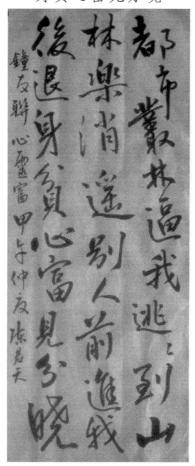

第三十二章　以詩渡人

書法　劉嘉明大師

幸福

擁有幸福真簡單
常懷感恩得金丹
心無不滿無負擔
榮華富貴不相干

當下

過去未來不可得
除了當下奈我何
有夢雖美難止渴
一步一印當下可

感恩

人非己是縛根深
一念感恩淨真心
苦厄難度缺念真
常觀己過念人恩

人非己是縛根深
一念感恩淨真心
苦厄難度缺念真
常觀己過念人恩

感恩鐘友聯詩　劉基旺書

惜福

已 經 擁 有 當 珍 惜
不 必 羨 慕 更 高 級
比 上 不 足 下 有 餘
知 足 惜 福 心 富 裕

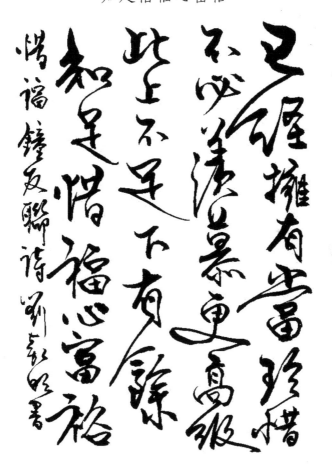

知足

帝寶豪宅街頭望
不如林下茅屋強
蔽雨藏身心坦蕩
勤耕心田草根香

知味

物力維艱不浪費
得之不易知寶貴
慾壑難填苦難追
當下知足才知味

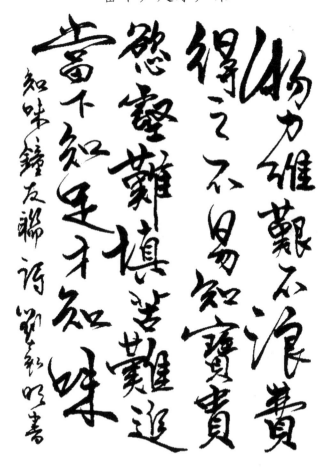

以詩渡人

以詩渡人啓慧門
鏗鏘有力破昏沈
提醒眾生勿沈淪
朗朗上口最醒人

以詩渡人啟慧門
鏗鏘有力破昏沈
提醒眾生勿沈淪
朗朗上口最醒人

以詩渡人鐘友聯詩劉和明書

觀功念恩

觀功念恩福慧增
觀過念惡苦滋生
握住一念行若僧
不必袈裟上品升

觀功念恩福慧增
觀過念惡苦滋生
握住一念行若僧
不必袈裟上品升

觀功念恩鏡友聯詩　劉嘉明書

包容

天覆地載全包容
與人為善德日隆
過不去看不慣窮
有容乃大必稱雄

因爲有愛

心有靈犀心相通
因為有愛交互融
進德修業常觀功
點滴恩澤記心中

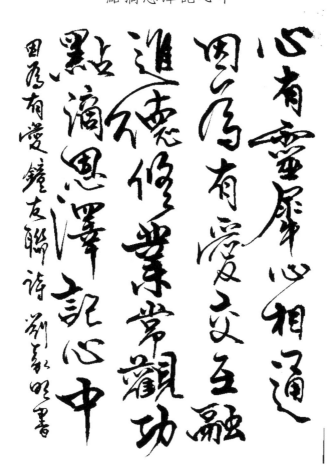

第三十三章　不執著

書法　余祥敦大師

健康尊嚴

健康有尊嚴
放下心不煩
不把虛無參
自在現眼前

放下萬緣

惬意人生山居守
放下萬緣自在留
追逐紅塵盡是愁
清靜無憂樂悠遊

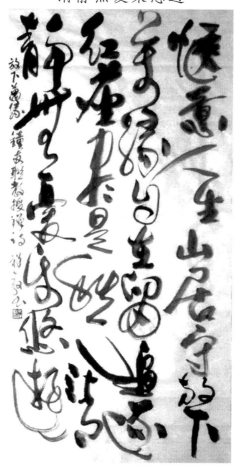

難計較

放下出遊去
日子很有趣
得失難計較
快樂可常趨

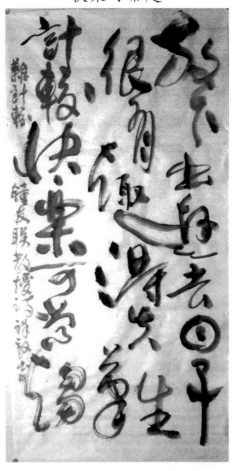

隨它去

放下萬緣隨它去
身心自在得天趣
四大皆幻苦亦幻
生死一體如變戲

放下

放下說來很簡單
只在關頭才知難
愛戀執著難放下
放下人生幸福源

不執著

凡事心頭過
影逝難把握
日子少蹉跎
放下不執著

當下承擔

當下承擔笑哈哈
雷火電光不用抓
放下自在來喫茶
月明星稀似秋花

識趣

隨緣隨性隨他去
不必緣盡放他去
擁有大千真無趣
兩手空空才識趣

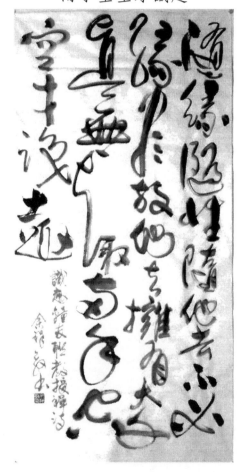

歸零

放下且歸零
活在當下行
菩提來下種
菩薩願無窮

放寬

放慢景色優
放寬天地柔
放下萬般有
放棄萬事休

第三十四章　鏡花水月

書法　呂光浯大師

鏡花水月

鏡花水月執為真
海市蜃樓誤為村
執幻為實人多迷
誤假為真更沈淪

人生如戲

人生如戲任要角
夢幻一生全成泡
浮生醉中糊塗過
遊戲演戲醉夢笑

借假修眞

肉身短暫亦珍借
借假修真得菩提
法身慧命永不息
分分秒秒常相依

生死有命

生死有命是本然
富貴難求亦由天
唯盼展翅翱翔去
不願折翼在窗前

生死有命

生死有命是本然
富貴難求亦由天
唯盼展翅翱翔去
不顧折翼在窗前

不如意

眾生常受幻影迷
易墮陷井頻折翼
前途多乖路多歧
十有八九不如意

了脫生死

人身難得今已得
借假修真有德澤
了脫生死苦海躲
躍登極樂笑呵呵

人身難得今已得借假
修真有德澤了脫生死
苦海躲躍登極樂笑呵呵
轉吾聯妄捨了脫生死即時语
笑已彌月呂光浮玉

苦不言

六道輪迴苦不言
淪為畜禽善終難
不日即為桌上餚
幸遇法師得天年

苦不言

六道輪迴苦不言
淪為畜禽善終難
不日即為桌上餚
幸遇法師得天年

鎧友聯袂授即時詩

2014.1.22日　呂光浯玉

名利牢

日子怎有百日好
常人易陷名利牢
有苦全因不滿足
放心方外任逍遙

名利牢
日子怎有百日好
常人易陷名利牢
有苦全因不滿足
放心方外任逍遙

鍾友聯教授即興詩
呂光浮書

世間

飽學識破世間象
智慧悟出真實相
繽紛繁華不留戀
遁入空門落髮樣

幻影

鏡花水月皆幻影
過眼雲煙怎堪弄
追東追西浮光掠
積得金銀也是空

第三十五章　活著眞好

書法　陳信良大師

珍惜生命

手術台上躺一遭
才知活著真是好
珍惜生命活當下
感恩惜福不能少

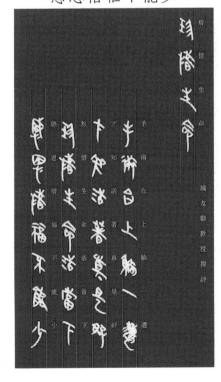

冷漠

見義不勇為
自掃門前雪
冷漠人心危
愛心當鼓吹

喚不回

已經擁有不認好
待到失去才知寶
珍惜當下握得牢
喚不回青春已逃

啥是寶

名利權勢不嫌少
待到髮白齒動搖
青春不回人已老
到老才知啥是寶

活著眞好

有腳我能跑
雙手用力搗
出口唱歌謠
活著眞正好

開心源頭

開心源頭在這裡
已經擁有當珍惜
無怨無悔擔挑起
活在當下做自己

活著

一口氣還在
眼觀浪澎湃
耳聞濤聲來
活著真精彩

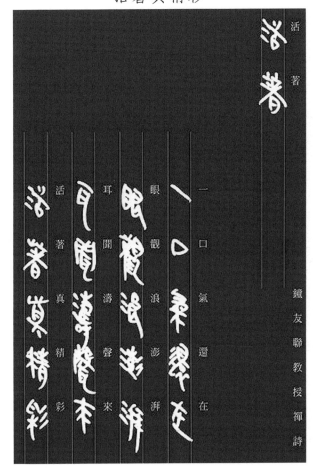

衝突少

三餐吃得飽
人際衝突少
煩惱隨之逃
幸福指數高

全是寶

碧落黃泉四處找
迷失方向恐徒勞
行家識貨全是寶
活在當下自在好

一窩蜂

急功近利一窩蜂
有利可圖盡皆衝
人為操作市場崩
難以脫身陷捲風

第三十六章　人間寶

書法　陳才崑大師

人間寶

親情人間寶
手足握得牢
點滴不求報
傷害增煩惱

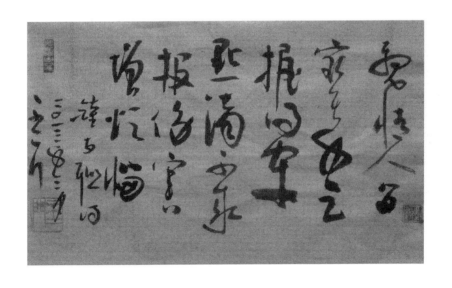

妄談

無 弦 琴 難 彈
風 幡 動 妄 談
石 磨 成 鏡 難
握 住 一 念 罕

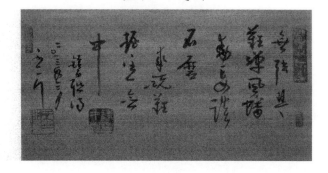

心弦

心 弦 高 士 彈
無 門 達 摩 禪
巷 弄 八 卦 談
凡 夫 名 利 纏

計較

有才有計較
無就沒得要
老天在偷笑
看誰最會叫

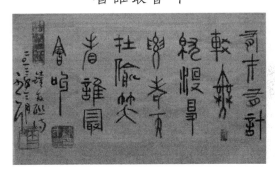

無奈

無可奈何紅塵墜
不分晝夜名利追
莫名其妙惹是非
糊里糊塗辭舊歲

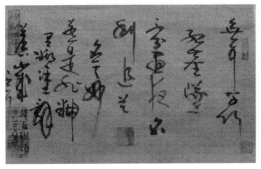

計較少

幸福只因計較少
知足感恩恰恰好
盡己本分難動搖
老天有眼騙不了

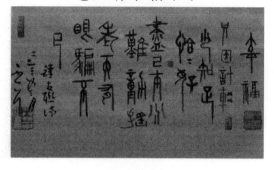

計較多

煩惱全因計較多
念怒不平困迷惑
缺乏自信無把握
脫困唯省思己過

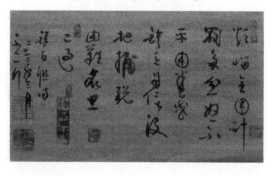

福必到

心平氣和少計較
點滴受恩當回報
抑強扶弱天之道
逆來順受福必到

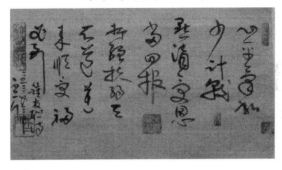

一心

撞鐘搥鼓飲松風
披雲嘯月群山空
饒舌梵音飄無蹤
萬法指歸一心中

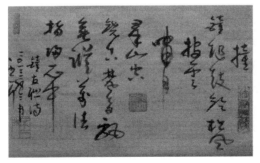